I0009274

BEI GRIN MACHT SICH IHR WISSEN BEZAHLT

- Wir veröffentlichen Ihre Hausarbeit,
  Bachelor- und Masterarbeit

- Ihr eigenes eBook und Buch -
  weltweit in allen wichtigen Shops

- Verdienen Sie an jedem Verkauf

**Jetzt bei www.GRIN.com hochladen
und kostenlos publizieren**

Bibliografische Information der Deutschen Nationalbibliothek:

Die Deutsche Bibliothek verzeichnet diese Publikation in der Deutschen National-
bibliografie; detaillierte bibliografische Daten sind im Internet über http://dnb.d-
nb.de/ abrufbar.

Dieses Werk sowie alle darin enthaltenen einzelnen Beiträge und Abbildungen
sind urheberrechtlich geschützt. Jede Verwertung, die nicht ausdrücklich vom
Urheberrechtsschutz zugelassen ist, bedarf der vorherigen Zustimmung des Verla-
ges. Das gilt insbesondere für Vervielfältigungen, Bearbeitungen, Übersetzungen,
Mikroverfilmungen, Auswertungen durch Datenbanken und für die Einspeicherung
und Verarbeitung in elektronische Systeme. Alle Rechte, auch die des auszugsweisen
Nachdrucks, der fotomechanischen Wiedergabe (einschließlich Mikrokopie) sowie
der Auswertung durch Datenbanken oder ähnliche Einrichtungen, vorbehalten.

Impressum:

Copyright © 2000 GRIN Verlag, Open Publishing GmbH
Druck und Bindung: Books on Demand GmbH, Norderstedt Germany
ISBN: 9783638639040

Dieses Buch bei GRIN:

http://www.grin.com/de/e-book/5665/theorie-der-wissensschaffung-im-unternehmen

Christoph Sprich

Theorie der Wissensschaffung im Unternehmen

GRIN Verlag

GRIN - Your knowledge has value

Der GRIN Verlag publiziert seit 1998 wissenschaftliche Arbeiten von Studenten, Hochschullehrern und anderen Akademikern als eBook und gedrucktes Buch. Die Verlagswebsite www.grin.com ist die ideale Plattform zur Veröffentlichung von Hausarbeiten, Abschlussarbeiten, wissenschaftlichen Aufsätzen, Dissertationen und Fachbüchern.

Besuchen Sie uns im Internet:

http://www.grin.com/

http://www.facebook.com/grincom

http://www.twitter.com/grin_com

Theorie der Wissensschaffung
im Unternehmen

Hausarbeit für das Seminar
‚Wissensmanagement'
Institut für allgemeine Wirtschaftsinformatik
Albert-Ludwigs-Universität Freiburg

vorgelegt von Christoph Sprich
am 10.01.2000

Wintersemester 1999/2000

Inhaltsverzeichnis

1   Abbildungs- und Tabellenverzeichnis...3

2   Einleitung 4

3   Hintergrund 4

4   Klärung und Abgrenzung von Begriffen 5

    4.1   Daten, Information und Wissen 5
    4.2   Epistemologie 7
    4.3   Ontologie...7

5   Die Wissensschaffungstheorie von Nonaka und Takeuchi 8

    5.1   Voraussetzungen des Wissensschaffungsprozesses 8
        5.1.1   Intention...8
        5.1.2   Autonomie..8
        5.1.3   Fluktuation und kreatives Chaos...9
        5.1.4   Redundanz 9
        5.1.5   Notwendige Vielfalt 9
    5.2   Dimensionen der Wissensschaffung 10
        5.2.1   Epistemologische Dimension...10
            5.2.1.1   Sozialisation *10*
            5.2.1.2   Externalisierung *11*
            5.2.1.3   Kombination *11*
            5.2.1.4   Internalisierung *12*
        5.2.2   Ontologische Dimension 13
        5.2.3   Zeitliche Dimension..13
            5.2.3.1   Wissen austauschen *13*
            5.2.3.2   Konzepte schaffen *13*
            5.2.3.3   Konzepte erklären *14*
            5.2.3.4   Einen Archetyp bilden *14*
            5.2.3.5   Wissen übertragen *14*
    5.3   Das Spiralmodell von Nonaka und Takeuchi 15
    5.4   Zusammenfassung 17

6   Andere Theorien 17

    6.1   Fünf Disziplinen von Peter Senge...17
    6.2   Theorie des Organisationalen Lernens von Argyris und Schön 18
    6.3   Organisationales ‚Sensemaking' von Karl Weick 18
    6.4   Bausteine des Wissensmanagements nach Probst...19
    6.5   Modell von Dorothy Leonard-Barton 19
    6.6   Evolution der organisatorischen Wissensbasis von Pautzke............................19

7   Abschluß 20

8   Literaturliste...22

1 Abbildungs- und Tabellenverzeichnis

Abbildungen

Abbildung 1: Fünf-Phasen-Modell der Wissensschaffung im Unternehmen   14

Abbildung 2: Interaktion der Wissensumwandlung   15

Abbildung 3: Spiralmodell der Wissensschaffung   16

Abbildung 4: Spirale der Wissensschaffung in drei Dimensionen   16

Tabellen

Tabelle 1: Arten von Wissen nach Polanyi   7

Tabelle 2: Formen der Wissensumwandlung   12

Tabelle 3: Wissensumwandlungsform und Wissensinhalt   15

2 Einleitung

Die vorliegende Arbeit wurde im Rahmen des Seminars ‚Wissensmanagement' des Instituts für Wirtschaftsinformatik an der Albert-Ludwigs-Universtität Freiburg im Wintersemester 1999/2000 angefertigt. Grundlage des Seminars war das Buch von Ikujiro Nonaka und Hirotaka Takeuchi ‚Die Organisation des Wissens - Wie japanische Unternehmen eine brachliegende Ressource nutzbar machen'. Das Buch von Nonaka und Takeuchi regte die wissenschaftliche Diskussion im Bereich Wissensmanagement an und erfreute sich großer Resonanz von Wirtschaft und Wissenschaft. Nonaka und Takeuchi gehen in dem Buch auf die Unterschiede japanischer und westlicher Unternehmensphilosophie und Unternehmensführung in Hinblick auf die Wissensschaffung ein, beschreiben ein Modell zur Wissensschaffung in Unternehmen und entwickeln einen Führungsansatz, welcher sich auf die Wissensschaffungsprozesse förderlich auswirken soll. Das Buch enthält reichhaltiges Anschauungsmaterial aus der Praxis.

Die Arbeit stellt keine grundsätzliche Betrachtung der ‚Theorie der Wissensschaffung'im Allgemeinen dar. Dargestellt wird speziell die Theorie von Nonaka und Takeuchi, danach werden zum Vergleich einige andere Theorien kurz vorgestellt.

3 Hintergrund

Seit jeher war Wissen ein relevanter Faktor nicht nur für Individuen, sondern auch für Organisationen. Das Schlagwort ‚Wissensgesellschaft' unterstreicht die zunehmende Wichtigkeit der Ressource ‚Wissen' in der Zukunft. Dementsprechend wird auch für Unternehmen in Zukunft ‚Wissen' zum entscheidenden Faktor werden, die Anforderungen an Unternehmen im Bereich individuelles- und organisationales Lernen werden steigen, so die aktuelle Diskussion.

Wissensschaffungstheorien wollen organisationale Wissensbasen verändern und verbessern, dies geschieht über Veränderung der Regelsysteme einer Organisation via Lernprozessen. Diese Lernprozesse sind jedoch abhängig von der Unternehmenskultur, diese wiederum ist kulturabhängig.[1] Organisationale Lernmechanismen sind also kulturabhängig und dementsprechend verschiedenartig in den unterschiedlichen Kulturräumen. Auf diese Problematik, insbesondere die Lernhemmnisse in westlichen Unterneh-

---

[1] Willke (1998), S. 41

men[2], gehen Nonaka und Takeuchi ganz besonders ein. Sie beschreiben nicht nur ein Modell der Wissensschaffung, sondern auch den kulturellen und weltanschaulichen Hintergrund[3], der die Funktion dieses Modells ermöglicht.

Nonaka und Takeuchi gehen in ihrem Werk vorrangig auf die Bedeutung der Schaffung von neuem Wissen ein, während die meisten Autoren im Bereich Wissensmanagement nur auf die Wissensverarbeitung eingehen. Diesem Tatbestand trägt der englische Titel ,The Knowledge-Creating Company' Rechnung und akzentuiert die Relevanz der Wissensschaffung eher als der in diesem Zusammenhang irreführende deutsche Titel ,Die Organisation des Wissens'.

Die Autoren selbst unterstreichen die Wichtigkeit der Schaffung von Wissen gegenüber der Wissensverarbeitung wie folgt:

> „Unternehmen stellen sich auf ein unsicheres Umfeld nicht nur durch passive Anpassung ein, sondern auch durch aktives Zusammenwirken. Unternehmen können sich verwandeln. Dennoch werden sie häufig als passiv und statisch betrachtet. Ein Unternehmen, das rasche Veränderungen im Umfeld dynamisch bewältigen will, darf Informationen und Wissen nicht nur effizient verarbeiten, es muß sie selbst hervorbringen. Es muß sich durch die Auflösung des existierenden Wissenssystems und durch die Entwicklung innovativer Denk- und Handlungsmodelle selbst erneuern." [Nonaka/Takeuchi (1997), S. 64]

4 Klärung und Abgrenzung von Begriffen

Da in der wissenschaftlichen Diskussion um das Thema Wissen und daher auch zum Thema Wissensmanagement viele der Unterschiede in den Theorien auf unterschiedliche Begriffsdefinitionen zurückgehen, möchte ich einige der hier relevanten Begriffe beschreiben, bevor ich mich der eigentlichen Theorie zuwende.

4.1 Daten, Information und Wissen

Information wird gemeinhin im Sinne von ,Zeichenfolge mit spezifischer Bedeutung für Sender und Empfänger betrachtet'. Nonaka und Takeuchi[4] definieren Information als ,Medium' oder ,Material' zur Wissensbildung[5].

---

[2] Beispielsweise die Nachteile die nachteiligen Auswirkungen auf den Lernprozess der westlichen, hirarchisch aufgebauten Systeme im Verhältnis zu den japanischen, eher heterarchisch aufgebauten Organisationen.

[3] z. B. die Beachtung von ,körperlichem' Wissen, die im westlichen Kulturraum erst durch den Wissenschaftstheoretiker Michael Polanyi unter dem Begriff ,Tacit knowledge', also ,Implizites Wissen' eingeführt wurde.

Die Definition von ‚Wissen' ist Streitfrage seit Anbeginn der Philosophie. Die traditionelle westliche Ansicht über Wissen, bzw. Wahrnehmung oder Erkenntnis ist die, daß das Wahrnehmungssubjekt durch Analyse der äußeren Welt Wissen erwirbt. Die Wissensdefinition von Platon lautet: „Wissen ist die mit ihrer Erklärung verbundene, richtige Vorstellung." Diese Definition wird für die folgenden Betrachtungen übernommen, jedoch liegt die Betonung nicht auf der ‚Richtigkeit', sondern auf der ‚erklärten Vorstellung'. Wissen wird als dynamischer, menschlicher Prozeß der Erklärung persönlicher Vorstellungen über die ‚Wahrheit' betrachtet und ist Konsequenz bestimmter Einstellungen, Perspektiven und Absichten. Wissen dreht sich um Handeln und ist zweckgerichtet, ist also beziehungsspezifisch.

In der vorliegenden Theorie zur Wissenschaffung wird zwischen implizitem und explizitem Wissen unterschieden. Diese Unterscheidung geht auf Michael Polanyi und sein Buch ‚The Tacit Dimension' (1966) bzw. ‚Implizites Wissen' (1985) zurück. Michael Polanyi in ‚Implizites Wissen':

> „daß jeder unserer Gedanken Komponenten umfaßt, die wir nur mittelbar, nebenbei, unterhalb unseres eigentlichen Denkinhalts registrieren - und daß alles Denken aus dieser Unterlage, die gleichsam Teil unseres Körpers ist, hervorgeht." [Polanyi (1985), S. 10]

Implizites Wissen, also Wissen mit körperlicher und geistiger Dimension, ist die Grundlage des sogenannten objektiven Wissens. Diese Wissensform steht im Mittelpunkt des Modells der Wissensschaffung der Unternehmung. Es ist Ergebnis eines ‚learning-by-doing'- Prozesses, der Verinnerlichung auch von Werten und Idealen.

Implizites Wissen beinhaltet technische sowie kognitive Elemente. Die technischen Elemente sind know-how, Fertigkeiten, Fähigkeiten. Die kognitiven Elemente bestehen aus ‚mentalen Modellen', wie. z. B. Vorstellungen, Paradigmen, Perspektiven und Überzeugungen, die sich auf Ziele und Visionen der Individuen beziehen. Die Artikulation solcher mentaler Modelle spielt als Wissensmobilisierungsprozeß eine zentrale Rolle bei der Wissensschaffung in Unternehmen.[6]

Explizites Wissen läßt sich, anders als implizites, in formaler, systematischer Sprache weitergeben.

---

[4] Nonaka/Takeuchi (1997), S.70
[5] Andere mögliche Definitionen wären ‚Information ist zweckbezogenes Wissen' oder ‚Information ist kommunizierbares Wissen'.
[6] Nonaka/Takeuchi (1997), S. 73

‚Explizites Wissen dreht sich um vergangene Ereignisse oder Dinge von ‚da und damals' und zielt auf eine kontextfreie Theorie. Es wird sequentiell erzeugt.' [Nonaka/Takeuchi (1997), S. 73]

Explizites Wissen ist der kleiner Teil des gesamten Wissens, der in Form von Zahlen und Sätzen sichtbar wird. Nachfolgende Tabelle soll die Unterscheidung von Wissen in explizites- und implizites Wissen durch Darstellung einiger Gegensätze zwischen den Beiden verdeutlichen:

Implizites Wissen (Subjektiv)	Explizites Wissen (Objektiv)
Erfahrungswissen (Körper)	Verstandeswissen (Geist)
Gleichzeitiges Wissen (hier und jetzt)	Sequentielles Wissen (da und damals)
Analoges Wissen (Praxis)	Digitales Wissen (Theorie)

Tabelle 1: Arten von Wissen nach Polanyi

Im Modell von Nonaka und Takeuchi werden die beiden Wissensformen nicht als voneinander getrennt oder alternativ gesehen, sonder als einander komplentär.

4.2 Epistemologie

Epistemologie oder Erkenntnistheorie ist die philosophische Auseinandersetzung mit ‚Wissen'. Im asiatischen Kulturraum ist diese Auseinandersetzung von jeher weniger ausgeprägt als im westlichen. In diesem ist das Werk Descartes wesentlich, der die erkenntnistheoretische Trennung von Subjekt und Objekt, von Körper und Geist zementierte. Die Erklärung von Innovation erfordert eine Annäherung an das Thema ‚Wissen', und diese wiederum benötigt ihre eigene Epistemologie. Die von Nonaka und Takeuchi zugrundegelegte Epistemologie weicht stark von der westlichen ab[7], was sich in den Ausführungen zu den Begriffen ‚Information' und ‚Wissen' zeigt.

4.3 Ontologie

Die Ontologie ist Lehre vom Seienden, und zwar vom Seienden als solchem und von dem, was wesentlich und unmittelbar zu diesem gehört[8]. Die Betrachtung des Seienden ist immer perspektivenabhängig. Da sich die vorliegende Theorie mit der Wissensschaffung in Unternehmen beschäftigt, wird sie ihre eigene, unternehmensspezifische Ontologie aufweisen: Die Dimension des Seins erstreckt sich vom einzelnen Individuum als

---

[7] Nonaka/Takeuchi (1997), S. 68
[8] Brugger, W., Philosophisches Wörterbuch (1947)

kleinste Einheit eines Unternehmens ausgehend über die Gruppe als nächstgrößere Einheit, die Abteilung, das gesamte Unternehmen bis hin zur Interaktion verschiedener Unternehmen.

5 Die Wissensschaffungstheorie von Nonaka und Takeuchi

Im Folgenden beschreibe ich den Aufbau der Theorie der Wissensschaffung im Unternehmen, die im Mittelpunkt des Buches von Nonaka und Takeuchi steht. Kern der Theorie ist ein spiralförmiger Transformationsprozeß, welcher sich beim Wissensaustausch zwischen impliziter und expliziter Wissensbasis der Unternehmung ergibt.[9]

5.1 Voraussetzungen des Wissensschaffungsprozesses

Um einen optimalen Wissensschaffungsprozeß im Unternehmen zu gewährleisten, müssen auf individueller Ebene bestimmte Voraussetzungen erfüllt sein[10]:

5.1.1 Intention

Da der einzelne Mitarbeiter die Wichtigkeit von Wissen bewerten können muß um effektive Wissens- bzw. Wissensschaffungsarbeit leisten zu können, benötigt er einen Maßstab zur Beurteilung der Relevanz von Wissen. Diesen Maßstab kann das Unternehmen in Form von Unternehmensintentionen fassen, welche sich nach den Zielen des Unternehmens bzw. der Unternehmensstrategie formulieren läßt. Diese Unternehmensintentionen sind zwangsläufig wertbezogen und können auch weltanschauliche Grundauffassungen beinhalten.

5.1.2 Autonomie

Die einzelnen Individuen innerhalb eines Teams wie auch die Teams als solche sollten so autonom handeln können, wie es die Umstände erlauben, um den Wissensschaffungsprozeß zu optimieren. Autonomie der Untereinheiten verstärkt deren Motivation. Auch verhalten sich autonome Individuen als Elemente einer Struktur, in welcher das Ganze und seine Teile über die gleichen Informationen verfügen.[11]

---

[9] Nonaka/Takeuchi (1997), S. 106
[10] Nonaka/Takeuchi (1997), S. 88
[11] Nonaka/Takeuchi fühen als Beispiel die Unterhaltung selbstorganisierender Teams mit funktionsübergreifender Zusammensetzung an. Solche Teams werden erfolgreich von einigen japanischen Unternehmen als kreativitätsförderndes Umfeld eingesetzt [Nonaka/Takeuchi (1997), S. 90].

5.1.3 Fluktuation und kreatives Chaos

Fluktuation[12] im Unternehmen führt zum Zusammenbruch von Routineabläufen, wodurch die Individuen gezwungen werden, die Handlungsmuster und Vorstellungen ihres Unternehmensumfeldes neu zu überdenken. Hierdurch kann neues Wissen entstehen. Es wird, so Nonaka und Takeuchi, Ordnung aus dem Chaos geschaffen. Dieses kreative Chaos kann auch durch eine - ggf. künstlich verursachte - Krisenstimmung im Unternehmen entstehen. Auch können mehrdeutige Anweisungen ('strategische Vieldeutigkeit') kreatives Chaos dadurch erzeugen, daß die Mitarbeiter zum Nachdenken ermutigt werden.

5.1.4 Redundanz

Redundanz ist die Existenz von Informationen, die über die unmittelbaren operativen Bedürfnisse der Unternehmensangehörigen hinausgehen, ein absichtliches Überschneiden von Informationen über geschäftliche Tätigkeiten, Managementaufgaben und das Unternehmen als Ganzes. Diese, nicht unmittelbar benötigten Informationen, z. B. über das Arbeitsumfeld anderer Abteilungen oder Gruppen, können für den Austausch impliziten Wissens förderlich sein. Sie können dem Einzelnen helfen, seinen Platz im Unternehmen besser zu verstehen. In japanischen Unternehmen haben, so Nonaka und Takeuchi, redundante Informationen einen hohen Stellenwert, wurden teilweise sogar institutionalisiert.

5.1.5 Notwendige Vielfalt

Eine weitere Voraussetzung für einen Wissensschaffungsprozeß ist die notwendige Vielfalt. Die Mitarbeiter einer Organsisation müssen über ausreichende Vielfalt verfügen, damit sie der Komplexität ihres Arbeitsumfeldes entsprechen können. Steigern läßt sich diese notwendige Vielfalt durch effiziente Kombination von Information, gleichberechtigten Zugang aller zu einer breiten Palette von Informationen und den häufigen Wandel der Organisationsstruktur.

---

[12] Fluktuation nicht im Sinne von Häufigkeit des Personalwechsels sondern von Änderungsgeschwindigkeit der Bedingungen für Mitarbeiter innerhalb des Unternehmens.

5.2 Dimensionen der Wissensschaffung

Die Wissensschaffungstheorie geht davon aus, daß Wissen innerhalb der epistemologischen Dimension zwischen explizitem und implizitem Wissen sowie in der ontologischen Dimension zwischen Individuum und Kollektiv umgewandelt werden kann. Während dieser Umwandlungen schafft und erweitert sich die Wissensbasis des Kollektivs, der Organisation im Zeitablauf.

5.2.1 Epistemologische Dimension

Wie bereits angeführt wird von den Autoren in der epistemologischen Sichtweise des Wissensschaffungsprozesses auf die Unterscheidung von explizitem und implizitem Wissen zurückgegriffen. Das Neue bei diesem Ansatz ist die Einbettung dieser Fähigkeiten im Kontext unternehmerischer Kreativität.[13] Die Unterscheidungskriterien der beiden Wissensformen wurden bereits in der entsprechenden Begriffsdefinition genannt. Eingehen möchte ich nun auf Möglichkeiten der Umwandlung und Erweiterung der einzelnen Wissensarten. Diese Wissensumwandlungs- bzw. Erweiterungsformen nehmen eine wichtige Stellung in der Wissensschaffungstheorie von Nonaka und Takeuchi ein.

5.2.1.1 Sozialisation

Sozialisation ist ein Erfahrungsaustausch, bei dem implizites Wissen ausgetauscht wird und auch entstehen kann. So erwirbt, sozialisiert etwa ein Lehrling technisches und kognitives implizites Wissen von seinem Meister[14], indem beide miteinander zusammenarbeiten. Technisches implizites Wissen können hier etwa handwerkliche Fertigkeiten sein, wie z. B. das Kneten von Teig oder das Hobeln von Holz. Kognitives implizites Wissen wären mentale Modelle wie z. B. die Arbeitseinstellung, die Haltung zum Unternehmen etc. Implizites Wissen wird durch Erfahrung, insbesondere durch gemeinsame Erfahrung erworben. Relevant hierbei ist in der Sichtweise Polanyis das Hineinversetzen in die Erfahrungswelt des Anderen, der bloße Informationstransfer würde oft keinen brauchbaren Lernerfolg erbringen. Da Wissen kontextabhängig ist muß die Information in einen Erfahrungskontext eingebettet werden, welcher erlebt werden muß.

---

[13] Capurro, R. (1999).
[14] Nonaka/Takeuchi beschreiben hier als Beispiel, wie Ingenieure des japanischen Küchengeräteherstellers Matsushita zum Zwecke der Entwicklung eines Brotbackautomaten das Teigkneten bei einem Bäckermeister erlernten [Nonaka/Takeuchi (1997), S. 76].

Sozialisation kann in Zusammenarbeit stattfinden, wenn ein kreativer Dialog stattfindet. Bedingung für einen solchen Dialog ist eine gelöste und harmonische Atmosphäre[15], in der die Diskussionspartner miteinander harmonieren. Solch ein Erfahrungsaustausch kann mentale Modelle der einzelnen Individuen in die gleiche Richtung lenken und neue Perspektiven und Visionen schaffen.

5.2.1.2 Externalisierung

Bei der Externalisierung wird implizites Wissen in Form von expliziten Konzepten kommunizierbar gemacht. Dies kann mit analytischen oder mit nichtanalytischen Methoden geschen. Die klassischen analytischen Methoden sind Induktion[16] und Deduktion[17], sie versuchen Tatbestände objektiv zu erfassen und darzustellen. Nichtanalytische Methoden sind Hilfsmittel wie Analogien[18] oder Metaphern[19], sie können die den Individuen innewohnenden Bilder oder Visionen annähernd darstellen. Metaphern führen zu einer neuen Erfahrungsinterpretation und zu neuer Realitätserfahrung und können so Bedeutungsdiskrepanzen überwinden. Analogien ermöglichen das Verständnis des Unbekannten durch das bereits Bekannte. Also sind nicht nur analytische und logische Fähigkeiten wichtig für die Externalisierung impliziten Wissens, auch eine ausgeprägt bildliche Sprache kann sich hier entscheidend auswirken. Ergebnis des Externalisierungsprozeßes ist explizites Wissen wie Aussagen, Modelle, Theorien, Zahlen oder Fakten. Die Verwandlung von implizitem in explizites Wissen ist für die Autoren ausschlaggebend für den Erfolg japanischer Unternehmen.

5.2.1.3 Kombination

Bei der Kombination werden verschiedene Bereiche expliziten Wissens miteinander verbunden, wobei neues Wissen entstehen kann. Dieses explizite Wissen wird über Medien wie Dokumente, Telefon etc. ausgetauscht und kombiniert. Die Menge des bei der

---

[15] Nonaka/Takeuchi führen hier das Beispiel eines von der japanischen Autofirma Honda betriebenen ‚Brainstorming-Camps‘ an, in Mitarbeiter verschiedener Abteilungen in gelöster Atmosphäre an einen kreativen Dialog herangeführt werden [Nonaka/Takeuchi(1997), S. 76].

[16] Schluß des Allgemeinen aus dem Besonderen. Hier führen Nonaka/Takeuchi eine besondere Entwicklungsstufe bei einem Modell des japanischen Autoherstellers Mazda als Beispiel an. Hier wurde aus Kundenumfragen (das ‚Besondere‘) auf eine Zielvorgabe für die Autokonstruktion (das ‚Allgemeine‘) geschlossen wurde. [Nonaka/Takeuchi (1997), S. 77].

[17] Schluß des Besonderen aus dem Allgemeinen. Hier führen Nonaka/Takeuchi eine ander Entwicklungsstufe bei der Mazda-Entwicklung an, bei der aus einem Leitslogan (das ‚Allgemeine‘) Fahrzeugmerkmale abgeleitet wurden. [Nonaka/Takeuchi (1997), S. 77].

[18] Vergleich zweier Gegenstände oder Vorgänge, wie z. B. des Konzept ‚man-maximum-machineminiumum‘ in der Automobilproduktion im Vergleich mit dem Bild einer Kugel. [Nonaka/Takeuchi (1997), S. 78].

[19] Bildliche Redewendungen wie z. B. ‚Automobilrevolution‘ als Konzept für die Entwicklung eines neuartigen Automobils. [Nonaka/Takeuchi (1997) S. 77].

Kombination entstehenden neuen Wissens ist abhängig von den Kommunikationsstrukturen innerhalb des Unternehmens. Eine immer größere Rolle spielen hier Computernetze und Datenbanken[20].

5.2.1.4 Internalisierung

Internalisierung ist der Prozeß der Integration expliziten Wissens in die implizite Wissensbasis des Individuums bzw. der Organisation. Bei der Internalisierung geht explizites Wissen, welches in Medien in Form von Sätzen, Zahlen etc. festgehalten wurde, in die implizite Wissensbasis über und wird zu kognitivem oder technischem implizitem Wissen. Beispielsweise kann ein Film über die Firmenphilosophie als mentales Modell in kognitives Wissen übergehen, eine Lehrveranstaltung über Marketingtechniken in technisches implizites Wissen. Auch bei der Nachahmung von Arbeitsabläufen geht explizites Wissen via ‚learning-by-doing' in implizites Wissen über. Entscheidend für eine erfolgreiche Internalisierung ist in der Gedankenwelt Polanyis die körperliche Erfahrung, das ‚sich hineinversetzten', das ‚hineinfühlen' in den zu lernenden Sachverhalt, denn das Wissen muß Teil unseres Körpes werden.[21]

Nachfolgend sind die Formen der Wissensumwandlung zur Übersicht tabellarisch dargestellt:

		Zielpunkt	
		Implizites Wissen	Explizites Wissen
Ausgangspunkt	Implizites Wissen	**Sozialisation**	**Externalisierung**
	Explizites Wissen	**Internalisierung**	**Kombination**

Tabelle 2: Formen der Wissensumwandlung

---

[20] Beispielsweise kann durch technologieabhängige Verfahren wie Datamining und Datawarehousing viel und auch relevantes neues Wissen erzeugt werden.
[21] Polanyi, M. (1985), S. 10

5.2.2 Ontologische Dimension

Da sich die vorliegende Theorie mit der Wissensschaffung in Unternehmen beschäftigt, wird sie ihre eigene, unternehmensspezifische Ontologie aufweisen: Die Dimension des Seins erstreckt sich vom einzelnen Individuum als kleinste Einheit eines Unternehmens ausgehend über die Gruppe als nächstgrößere Einheit, die Abteilung, das gesamte Unternehmen bis hin zur Interaktion verschiedener Unternehmen.

> „Strengenommen wird Wissen nur von Einzelpersonen geschaffen. Eine Organisation kann ohne Einzelne kein Wissen erzeugen. die Organisation unterstützt kreative Personen oder bietet Kontexte, die der Wissensschaffung förderlich sind. Wissenschaffung im Unternehmen muß daher als Prozeß verstanden werden, der das von einzelnen erzeugte Wissen verstärkt und es im Wissensnetz des Unternehmens verankert. Dieser Prozeß vollzieht sich in einer expandierenden Interaktionsgemeinschaft, die Grenzen und Ebenen in und zwischen Unternehmen überschreitet." [Nonaka/Takeuchi (1997), S. 71]

5.2.3 Zeitliche Dimension

Die zeitliche Dimension des Wissensschaffungsprozesses läßt sich in einzelnen Phasen darstellen[22]. Diese Phasen sollten als Musterbeispiel eines Wissensschaffungsprozesses verstanden werden. In allen Phasen sollten die Voraussetzungen des Wissenschaffungsprozesses erfüllt sein.

5.2.3.1 Wissen austauschen

Der Austauch von implizitem Wissen zwischen Personen unterschiedlicher Fachorientierung und Motivation ist Voraussetzung für die Wissensschaffung im Unternehmen. Dieser Austausch von Wissen kann beispielsweise in selbstorganisierenden, autonomen Teams erfolgen.

5.2.3.2 Konzepte schaffen

Sobald eine gemeinsame Basis impliziten Wissens entstanden ist, wird dies in Dialogen in Form expliziter Konzepte externalisiert. Dies kann durch Formulierung mentaler

---

[22] Die von mir als zeitliche Dimension des Wissensschaffungsprozesses dargestellte Abfolge von Phasen der Wissenschaffung behandeln Nonaka und Takeuchi als ‚integriertes Modell der Wissensschaffung im Unternehmen'. Sie beschließen mit diesen Darstellungen ihre Abhandlung über die Wissensschaffungstheorie ab. Da der eigentliche Kern der Theorie des Wissensschaffungsprozesses meines Erachtens im Modell der ‚Wissensspirale' liegt, möchte ich diese später darstellen und nun auf die Phasen des Wissensschaffungsprozesses eingehen.

Modelle in bildlicher Sprache geschehen. Autonome Teams können hier eine geeignete Basis zur freien Artikulation der Meinungen der Mitarbeiter sein.

5.2.3.3 Konzepte erklären

Im Verlauf der Arbeit erklären Mitarbeiter laufend unbewußt ihre eigenen Konzepte beim Gedankenaustausch. In einem wissensschaffenden Unternehmen muß dieses Erklären jedoch von der Führung ausgehen und explizit abgewickelt werden, um eine Deckung der Konzepte mit den Unternehmenszielen zu gewährleisten.

5.2.3.4 Einen Archetyp bilden

Archetypen können physische Modelle[23] oder Arbeitspläne[24] sein, bei denen bereits viel Detailwissen in Betracht gezogen wird. Bei der Bildung von Archetypen sollen Mitarbeiter aus möglichst unterschiedlichen Funktionsbereichen beteiligt sein.

5.2.3.5 Wissen übertragen

Das neu geschaffene Wissen muß auf höhere ontologische Ebenen übertragen werden, um den Wissensstand des gesamten Unternehmens verbessern zu können. Auch kann Wissen an assoziierte Unternehmen übertragen werden, um auch deren Wissensstand zu erhöhen.

In Abbildung 1 sind die Phasen der Wissensschaffung im Unternehmen dargestellt. Der ‚Strom des Wissens' wandert hier von links nach rechts, von der impliziten Wissensbasis der Unternehmung bis zum expliziten Wissen auf der rechten Seite. An dieser Seite grenzt die Wissensbasis der assoziierten Unternehmen an.

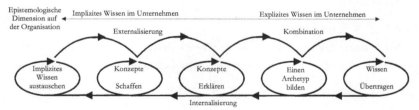

Abbildung 1: Fünf-Phasen-Modell der Wissensschaffung im Unternehmen

---

[23] Z. B. Modell eines Autos bei der Automobilentwicklung.
[24] Z. B. Operationsmodell in Diesntleistungsunternehmen.

5.3 Das Spiralmodell von Nonaka und Takeuchi

Unter Einbeziehung aller Dimensionen des Wissensschaffungsprozesses läßt sich das Modell der Wissensschaffung von Nonaka und Takeuchi folgendermaßen darstellen:

Echte Innovationen ergeben sich erst, wenn implizites und explizites Wissen im Unternehmen zusammenwirken. Die abgebildete Spirale verdeutlicht die dynamische Interaktion der verschiedenen Formen der Wissensumwandlung. Die Auslöser der einzelnen Wissensumwandlungen sind jeweils unterschiedlich. Die Sozialisation kann durch den Aufbau von Interaktionsfeldern ausgelöst werden, beispielsweise durch Zusammen-

Abbildung 2: Interaktion der Wissensumwandlung

arbeit von Mitarbeitern unterschiedlicher Funktionsbereiche oder Abteilungen und erzeugt sympathetisches Wissen. Externalisierung kann durch konstruktiven Dialog ausgelöst werden und erzeugt dann konzeptuelles Wissen[25]. Kombination erzeugt systemisches Wissen[26] und wird durch Verbindung expliziten Wissens erreicht. Durch Arbeitspraxis oder ‚learning-by-doing‘ wird Wissen internalisiert und es entsteht operatives Wissen[27]. Die nachfolgende Tabelle gibt die möglichen Formen der Wissensumwandlung mit den dazugehörigen Wissensinhalten an:

Wissensumwandlungsform	Wissensinhalt	Beispiele
Sozialisation	sympathetisches Wissen	mentale Modelle
Externalisierung	konzeptuelles Wissen	Metaphern, Modelle
Kombination	systemisches Wissen	Prototypen
Internalisierung	operatives Wissen	Erfahrungen

Tabelle 3: Wissensumwandlungsform und Wissensinhalt

Durch die beschriebene Interaktion von implizitem und explizitem Wissen wird neues Wissen erzeugt und dringt in höhere ontologische Schichten vor, also vom Individuum auf mehrere Personen, Gruppen, Abteilungen, zuletzt bis zum gesamten Unternehmen.

---

[25] Nonaka/Takeuchi führen als Beispiel für konzeptuelles Wissen das Konzept ‚Tall Boy‘ des Automobilherstellers Honda an. (Nonaka/Takeuchi S. 85)
[26] z. B. Technologien für Prototypen und neue Komponenten (Nonaka/Takeuchi S. 85)
[27] z. B. Wissen über Projektmanagement, Produktionsprozesse oder die Umsetzung eines Unternehmensprogramms. (Nonaka/Takeuchi S. 86)

Beziehen wir diese ontologische Dimension in das Modell mit ein ergibt sich ein Spiral-modell der Wissensschaffung im Unternehmen:

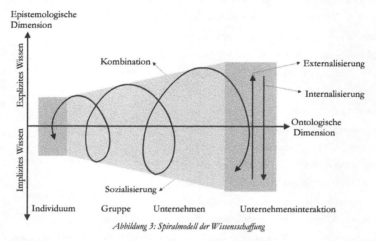

Abbildung 3: Spiralmodell der Wissensschaffung

Das folgende Modell ließe sich in drei Dimensionen folgendermaßen darstellen[28]:

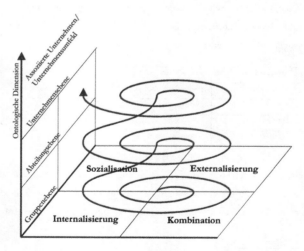

Abbildung 4: Spirale der Wissensbeschaffung in drei Dimensionen

---

[28] Den verbalen Ausführungen Nonakas und Takeuchis folgend [Nonaka/Takeuchi (1997), S. 86].

16

5.4 Zusammenfassung

Erkenntnistheoretische Grundlage des Modells ist die von Polanyi eingeführte Unterscheidung des Wissens in implizites und explizites Wissen. Die Umwandlungen zwischen diesen Wissensbereichen führen unter verschiedenen Voraussetzungen zu einem Prozeß der Wissensschaffung, welcher durch eine Spirale symbolisiert werden kann. Innerhalb der ontologischen Dimension kann Wissen von kleineren auf größere Unternehmenseinheiten transferiert werden. Unter Berücksichtigung des Faktors Zeit kann die Wissensschaffung als ein fünfstufiger Prozeß der Wissensgenerierung dargestellt werden. Die Wissensumwandlung bzw. Wissensschaffung ist stets ein sozialer Prozeß, auch wenn er nach streng rationalistischer Auffassung Erkennen ein Prozeß Einzelner ist[29].

6 Andere Theorien

Zahlreiche Wissenschaftler beschäftigten sich mit dem Prozeß der Wissensschaffung in Unternehmen. Einige der von ihnen dargestellten Theorien werden im Folgenden verkürzt dargestellt:

6.1 Fünf Disziplinen von Peter Senge

Peters Seges Buch ‚Die Fünfte Disziplin - Kunst und Praxis der lernenden Organisation‘ von 1996 ist die z. Zt. wohl populärste Veröffentlichung im Bereich Wissensmanagement. Er beschreibt vier Kerndisziplinen der Gestaltung einer Lernenden Organsation und fügt eine fünfte, alle anderen übergreifende Disziplin hinzu. Die vier Grunddiziplinen sind personale Kompetenz (‚personal mastery‘), mentale Modelle (‚mental models‘), eine gemeinsame Vision (‚shared visions‘) und Teamlernen (‚team learning‘). Die von ihm hinzugefügte Disziplin ist systematisches Denken, sie kombiniert und koordiniert die vier bereits vorhandenen Grunddisziplinen und schafft so die Bedingungen, um einen Wissensschaffungsprozeß im Unternehmen in Gang zu setzen und das kreative Potential der Mitarbeiter optimal zu nutzen.

Mentale Modelle müssen, um erkannt zu werden, externalisiert werden. Erst dann können gemeinsame mentale Modelle bei der Organisationsangehörigen als Grundlage eines sinnvollen Dialogs, der Kreation von Visionen und organisationalen Lernens geschaffen und internalisiert werden. Visionen können nicht von oben verschrieben werden.

Peter Senge verbindet konzeptionelle Überlegungen mit der Praxis, ohne dabei allzu sehr auf theoretische Aspekte einzughen. Die doch vorhandenen theoretischen Konzepte stammen weitgehend von Argyris & Schön.[30] Auch er sieht die Unfähigkeit westlicher Unternehmen, mit der gestiegenen Komplexität umzugehen als Folge eines rational-traditionalistischen Denkens und fordert die Betrachtung der Organisation als mental determinierten Organismus.[31]

Peter Senge benutzt selten das Wort ‚Wissen' und macht auch keine Vorschläge zur Erzeugung von Wissen.[32]

6.2 Theorie des Organisationalen Lernens von Argyris und Schön

Chris Argyris und Donald Schön schufen die theoretischen Grundlagen für Peter Senges ‚Fünfte Disziplin'. Die beiden Autoren stellen die mittlerweile wohl bekannteste Theorie des Organisationalen Lernens vor.

Die Formen des Wissens in Organisationen sind ‚Espoused Theories', die offiziell anerkannten und allen zugänglichen Gebrauchstheorien sowie ‚Theories in use', den persönlichen Gebrauchstheorien und Arbeitshypothesen jedes Einzelnen. Gespeichert wird organisationales Wissen in ‚organisational maps', den allgemein zugänglichen Informationen sowie in ‚private images', den persönlichen Bildern und Vorstellungen der Individuen von der Organisation. Organisationales Lernen findet bei Nichtfunktion der ‚Theories in use' auf der Ebene der ‚maps' und ‚images' statt und verändert die vorhandenen ‚Theories in use'.

6.3 Organisationales ‚Sensemaking' von Karl Weick

Karl Weick wurde bekannt durch seine Arbeiten auf dem Gebiet der Organisationssoziologe. Mit ‚Sensemaking' meint Weick ‚Sinnbildung' bzw. ‚Bedeutungsgenerierung'. Seine Arbeiten sind philosophisch und wissenschaftstheoretisch geprägt. Er liefert auch keine geschlossene Theorie organisationalen Lernens, weist jedoch auf wichtige Zusammenhänge hin.[33]

---

[29] Hier zeigt sich der Unterschied zwischen westlicher und östlicher Epistemologieauffassung
[30] Wahren (1996), S. 70

[32] Nonaka/Takeuchi (1997), S. 59
[33] Wahren (1996), S. 66

6.4 Bausteine des Wissensmanagements nach Probst

Die ‚Bausteine des Wissensmanagements' von Probst, Raub und Rombardt (1997) sind eine eher formale Zusammenstellung von Komponenten. Sie stellen keine tiefgreifende Auseinandersetzung und auch keine theoretische Fundierung der Wissensschaffung im Unternehmen vor. Probst gibt den Forderungen der Praxis nach Einfachheit nach, obwohl die Problematik der Wissensschaffung im Unternehmen nicht einfach modellierbar ist[34].

6.5 Modell von Dorothy Leonard-Barton

Sie liefert ein relativ einfaches Modell. Es baut auf Differenzen zwischen äußerer und innerer Unternehmenswelt auf. Kernkompetenzen stehen in diesem Modell in Konkurrenz zu Kernrigiditäten. Diese entsprechen dem ‚Komplex der defensiven Strukturierung' bei Argyris[35].

6.6 Evoloution der organisatorischen Wissensbasis von Pautzke

Pautzke entwickelt in seiner ‚Evolution der organisatorischen Wissensbasis' von 1989 ein Schichtenmodell des organisationalen Wissens. Er beschreibt sechs Schichten des organisationalen Wissens und die Arten der Wissenstransformation zwischen den Schichten. Pautzke konzentriert sich einseitige auf die Wissensbasis der Organisation. Seine Darstellungen sind rational-materialistisch und ‚buchhalterisch' ausgerichtet.[36]

---

[34] Willke (1998), S. 78
[35] Willke (1998), S. 80
[36] Wahren (1996), S. 69

7 Abschluß

Der Willen zur effizienten Wissensschaffung ist kein neues Phänomen. Bereits frühe Organisationen wie die Fugger oder die Kirche waren erfolgreich dank funktionaler Informationsstrukturen. Das behandelte Thema stellt also kein neues Problem der Wissenschaft und Forschung dar. Dies gilt es zu beachten, will man das Werk von Nonaka und Takeuchi kritisch würdigen.

Schreyögg und Noss stellen das Spiralmodell teilweise in Frage. Sie kritisieren dabei ausdrücklich, daß die Generierung von Wissen im Spiralmodell beim Idividuum beginnen soll[37]. Demgegenüber betonen sie, daß der Ausgangspunkt die organisatorische Wissensbasis ist. Dieser Kritik wäre zu entgegnen, daß Nonaka und Takeuchi alle vier Modi als gleichermaßen ursprünglich ansehen, sie entpuppt sich also möglicherweise als westliches Vorurteil[38].

Essers und Schreinemakers kritisieren unter anderem, daß Nonaka und Takeuchi Organisationen unter eine einheitliche kulturelle Perspektive stellen und betrachten wollten, was ohne Zweifel unmöglich ist. Nonaka und Takeuchi behandeln die Probleme der verschiedenen Kulturen jedoch ausdrücklich in ihrem Buch.[39]

Fraglich ist für mich jedoch immer noch, ob sich die vorgestellte Theorie vollkommen kulturunabhängig betrachten läßt. Ich denke nicht, daß auch bei Realisierung der beschriebenen fünf Voraussetzungen, die Effizienz des Wissensschaffungsprozesses in westliche geprägten Unternemen ebenso groß wäre wie bei asiatischen Unternehmen. Nach Nonaka und Takeuchi sind weltanschauliche Unterschiede mitbestimmend für die Unterschiede westlicher und japanischer Unternehmen. Die Mitarbeiter westlicher Unternehmen müßten, um eine Annäherung an die Arbeitsweisen japanischen Mitarbeiter zu erreichen, ihr Denken in vielerlei Hinsicht ändern. Ein Umdenken weg vom hirarchischen und hin zur heterarchischen, organischen Unternehmenssicht, weg vom technisch- logischen und hin zum bildlich- kreativen Denken wäre die Bedingung. Dies kann ein Unternehmen jedoch nicht alleine und isoliert für die Sicht des Mitarbeiters auf das entsprechende Unternehmen bewerkstelligen, denn diese zu verändernden Denk-

---

[37] Schreyögg/Noss in Dr. Wieselhuber & Partner (1997), S. 75 sowie Nonaka/Takeuchi (1997), S. 71.
[38] Capurro (1999)

muster sind tief in der westlich- abendländischen Kultur verankert. Ich könnte mir vorstellen, daß es für westliche Unternehmen effizienter sein könnte, den Herausforderungen der ‚Wissensgesellschaft' auf ihre eigene, kulturell spezifische Weise zu begegnen.

---

[39] Capurro (1999)

8 Literaturliste

Monographien

Argyris, C., Schön, D. (1978): Organizational Learning - A Theory of Action Perspective, Massetchusets: Reading, 1978.

Argyris, C.: (1996): Wissen in Aktion - Eine Fallstudie zur lernenden Organisation, Stuttgart: Klett-Cotta, 1997.

Bürgel, H. (1998): Wissensmanagement - Schritte zum intelligenten Unternehmen, Berlin u. a.: Springer, 1998.

Davenport, T, Prusak, L. (1998): Working Knowledge - How Organizations Manage What They Know, o. O.: Harvard Business School Press, 1998.

Koulopoulos, T. (1997): Corporate Instinct - Building a Knowing Enterprise for the 21st Century, o. O.: Van Nostrand Reinhold, 1997.

Leonard-Barton, D. (1995): Wellsprings of Knowledge - Building and Sustaining the Sources of Innovation, o. O.: Harvard Business School Press, 1995.

Nonaka, I., Takeuchi, H. (1997): Die Organisation des Wissens - Wie japanische Unternehmen eine brachliegende Ressource nutbar machen, Frankfurt a. M: Campus, 1997.

Polanyi, M. (1996): The Tacit Dimension, New York: P. Smith, 1966.

Polanyi, M. (1985): Implizites Wissen, Frankfurt a. M: 1985.

Sattelberger, T. (1996): Die lernende Organisation - Konzepte für eine neue Qualität der Unternehmensentwicklung, Wiesbaden: Gabler, 1996.

Schreyögg, G. (1999): Organisation: Grundlagen moderner Organisationsgestaltung, Wiesbaden: Gabler, 1999.

Senge, P. (1996): Die Fünfte Disziplin - Kunst und Praxis der lernenden Organisation, Stuttgart: Klett-Cotta, 1996.

Steward, T. (1997): Intellectual Capital - The New Wealth of Organizations, o. O.: Currency/Doubleday, 1997.

Wahren, H. K. (1996): Das lernende Unternehmen, Berlin: Walter de Gruyter & Co., 1996.

Weick, K. (1995): Der Prozeß des Organisierens, Frankfurt a. M.: Suhrkamp, 1995.

Willke, H (1998): Systematisches Wissensmanagement, Stuttgart: UTB, 1998.

Beiträge in Sammelwerken

Bullinger, H./Wörner, K./Prieto, J. (1998): Wissensmanagement aus strategischer Sicht, in: Bürgel, D. (Hrsg.): Wissensmanagement - Schritte zum intelligenten Unternehmen, Berlin u. a.: Springer, 1998.

Geißler, H (1996): Vom Lernen in der Organisation zum Lernen der Organisation, in: Sattelberger, T. (Hrsg.): Die lernende Organisation: Konzepte für eine neue Qualität der Unternehmensentwicklung, Wiesbaden: Gabler, 1996.

Klimecki, R./Laßleben, H./Riexinger-Li, B. (1994): Zur empirischen Analyse organisationaler Lernprozesse im öffentlichen Sektor, in: Bussmann, W. (Hrsg.): Lernen in Verwaltungen und Policy-Netzwerken, Chur/Zürich: Ruegger (1994).

Schreyögg, G., Noss, Chr. (1997): Zur Bedeutung des organisationalen Wissens für organisatorische Lernprozesse, in: Dr. Wieselhuber & Partner, (Hrsg.): Handbuch lernende Organisation. Unternehmens- und Mitarbeiterpotentiale erfolgreich erschließen, Wiesbaden: Gabler, 1997.

Zeitschriftenaufsätze

Essers, J.; Schreinemakers, J. (1997): Nonaksa's Subjectivist Conception of Knowledge in Corporate Knowledge Management. In: Knowl. Org. 24 No. 1, S. 24-32.

Probst, G., Raub, S. (1998): Kompetenzorientiertes Wissensmanagement, in: Zeitschrift Führung + Organisation 3/98 (1998), S. 132-138.

Nachschlagewerke

Gabler Wirtschafts-Lexikon (1993), Gabler, T. (Hrsg.), Wisbaden: Gabler, 1993.

Philosophisches Wörterbuch (1947), Brugger, W. (Hrsg.), Freiburg: Herder, 1947.

Internet-Quellen

Capurro, R.: Wissensmanagement und darüber hinaus - Der Ansatz von I. Nonaka und H. Takeuchi, http://v.hbi-stuttgart.de/~capurro/nonaka.html [abgerufen am 03.12.99].

Probst, G., Romhardt, K.: Bausteine des Wissensmanagements - ein praxisorientierter Ansatz, http://sfb346-a8.psychologie.uni-mannheim.de/lehre199899/probst/probst.html [abgerufen am 30.11.99].